essentials

essentials liefern aktuelles Wissen in konzentrierter Form. Die Essenz dessen, worauf es als „State-of-the-Art" in der gegenwärtigen Fachdiskussion oder in der Praxis ankommt. *essentials* informieren schnell, unkompliziert und verständlich

- als Einführung in ein aktuelles Thema aus Ihrem Fachgebiet
- als Einstieg in ein für Sie noch unbekanntes Themenfeld
- als Einblick, um zum Thema mitreden zu können

Die Bücher in elektronischer und gedruckter Form bringen das Expertenwissen von Springer-Fachautoren kompakt zur Darstellung. Sie sind besonders für die Nutzung als eBook auf Tablet-PCs, eBook-Readern und Smartphones geeignet. *essentials:* Wissensbausteine aus den Wirtschafts-, Sozial- und Geisteswissenschaften, aus Technik und Naturwissenschaften sowie aus Medizin, Psychologie und Gesundheitsberufen. Von renommierten Autoren aller Springer-Verlagsmarken.

Weitere Bände in der Reihe http://www.springer.com/series/13088

Nils Urbach

Marketing im Zeitalter der Digitalisierung

Chancen und Herausforderungen durch digitale Innovationen

Nils Urbach
Projektgruppe Wirtschaftsinformatik des
Fraunhofer FIT, Universität Bayreuth
Bayreuth, Deutschland

Der Beitrag basiert auf einem Vortrag auf dem 12. Effizienztag 2019 der Deutschen Werbewissenschaftlichen Gesellschaft am 28.03.2019 in Berlin und dem Beitrag „Die Digitalisierung des Marketing – Wie innovative Technologien die Marktkommunikation verändern", veröffentlicht in: Transfer – Fachzeitschrift für Kommunikation und Markenführung, 65. Jahrgang, Heft 2/2019, S. 18–23

ISSN 2197-6708   ISSN 2197-6716   (electronic)
essentials
ISBN 978-3-658-30509-3   ISBN 978-3-658-30510-9   (eBook)
https://doi.org/10.1007/978-3-658-30510-9

Die Deutsche Nationalbibliothek verzeichnet diese Publikation in der Deutschen Nationalbibliografie; detaillierte bibliografische Daten sind im Internet über http://dnb.d-nb.de abrufbar.

Planung/Lektorat: Barbara Roscher
Springer Gabler ist ein Imprint der eingetragenen Gesellschaft Springer Fachmedien Wiesbaden GmbH und ist ein Teil von Springer Nature.
Die Anschrift der Gesellschaft ist: Abraham-Lincoln-Str. 46, 65189 Wiesbaden, Germany

Was Sie in diesem *essential* finden können

- Aufzeigen der Bedeutung von Digitalisierung im Marketing
- Einführung in die wesentlichen Treiber des digitalen Marketings
- Diskussion der Implikationen des digitalen Marketings
- Ableitung der Auswirkungen auf die Marketing-Funktion

Vorwort

Gegenwärtig führen der Einsatz und die Nutzung innovativer Informationstechnologien zu starken Veränderungen in Wirtschaft und Gesellschaft – wir befinden uns im Zeitalter der Digitalisierung. Während der Wandel im privaten Kontext überwiegend positiv aufgenommen wird, ist die Digitalisierung für viele Unternehmen Fluch und Segen zugleich. Auf der einen Seite führt die disruptive Wirkung, die von digitalen Technologien ausgeht, zu einem steigenden Veränderungsdruck. Auf der anderen Seite bieten die Entwicklungen Unternehmen auch die Chance, sich durch digitale Produkte, Dienstleistungen oder gar Geschäftsmodelle von ihren Wettbewerbern abzuheben. Entsprechend befinden sich viele Unternehmen in einer Umbruchsphase – in der sogenannten digitalen Transformation. Gerade in Funktionsbereichen, die in der Vergangenheit tendenziell weniger Berührungspunkte mit Informationstechnologie hatten, ist dabei teilweise jedoch noch unklar, welche Chancen und Herausforderungen sich aus der Digitalisierung für ihren Bereich ergeben und wie die digitale Transformation zu meistern ist. Einer dieser Funktionsbereiche ist das Marketing, dem sich dieses *essential* widmet.

Ziel dieses *essential* ist es, den Wandel, den das Marketing im Zeitalter der Digitalisierung durchläuft, in kompakter Form aufzuzeigen. Dazu werden die Bedeutung der Digitalisierung im Marketing herausgestellt, die wesentlichen Treiber des digitalen Marketings eingeführt und beschrieben, die Implikationen des digitalen Marketings diskutiert sowie schließlich die Auswirkungen auf die Marketing-Funktion abgeleitet. Das *essential* ist aus der Perspektive eines Digitalisierungsexperten geschrieben, der einen „externen" Blick auf das Feld des Marketings wirft. Es wendet sich sowohl an Fach- und Führungskräfte im Marketing, Digitalisierungsverantwortliche und Geschäftsführer als auch an praktisch interessierte Akademiker. Das *essential* soll dabei helfen, auf den digitalen Wandel im Marketing nicht nur zu reagieren, sondern eine proaktive Rolle einzunehmen. Hierbei soll es eine Übersicht über die wesentlichen Aspekte, Entwicklungen und Fragestellungen im betrachteten Themenbereich bieten, die einen Ausgangspunkt für weitere Überlegungen und Handlungen ermöglicht.

Dieses *essential* basiert auf einem Vortrag, den ich auf dem 12. Effizienztag der Deutschen Werbewissenschaftlichen Gesellschaft am 28. März 2019 in Berlin gehalten habe und der anschließend unter dem Titel „Die Digitalisierung des Marketing – Wie innovative Technologien die Marktkommunikation verändern" in der Transfer – Fachzeitschrift für Kommunikation und Markenführung veröffentlicht wurde. Mein besonderer Dank gilt in diesem Zusammenhang Florian Vogt und Jan Jöhnk, die mich bei der Ausarbeitung des Vortrags unterstützt haben. Ein weiterer Dank geht an Christian Germelmann und Bernhard Heidel für die Einladung zum Effizienztag sowie die Begleitung des sich daran anschließenden Publikationsprozesses. Schließlich bedanke ich mich bei der Deutschen Werbewissenschaftlichen Gesellschaft für die Ausrichtung des Effizienztags sowie seinen Teilnehmern für das Feedback und die anregenden Diskussionen zu meinem Vortrag.

Ich wünsche viel Spaß beim Lesen und möchte alle Leser einladen, mit mir in einen Dialog zu den Inhalten zu treten. Gerne stehe ich für Fragen, Diskussionen und Anregungen zur Verfügung.

Frankfurt am Main   Nils Urbach

Inhaltsverzeichnis

1 Einleitung: Digitalisierung verändert die Geschäftswelt 1

2 Treiber des digitalen Marketings 5
   2.1 Verändertes Kundenverhalten 5
   2.2 Technologische Weiterentwicklung 8
       2.2.1 Digitale Sprachassistenten 8
       2.2.2 Virtual und Augmented Reality 10
       2.2.3 Blockchain 11
       2.2.4 Künstliche Intelligenz 13
   2.3 Zunehmende Servitization 14

3 Implikationen des digitalen Marketings 17
   3.1 Werbung verbindet die analoge und die digitale Welt 17
   3.2 Daten entwickeln sich zum digitalen Öl des Marketings 20
   3.3 Das Marketing wird intimer 23

4 Auswirkungen auf die Marketing-Funktion 25

5 Zusammenfassung und Fazit 29

Literatur 33

Über den Autor

Prof. Dr. Nils Urbach ist Professor für Wirtschaftsinformatik und Strategisches IT-Management an der Universität Bayreuth. Zudem ist er stellvertretender wissenschaftlicher Leiter am Kernkompetenzzentrum Finanz- & Informationsmanagement (FIM) und der Projektgruppe Wirtschaftsinformatik des Fraunhofer-Instituts für Angewandte Informationstechnik (FIT). In Forschung und Lehre befasst sich Nils Urbach schwerpunktmäßig mit Fragestellungen des Strategischen IT-Managements und der Digitalen Transformation. Dabei liegt sein Forschungsfokus insbesondere auf der Untersuchung und Gestaltung von Lösungen zur Steuerung von IT-Organisationen sowie der Adoption, der Nutzung und dem Erfolg betrieblicher Informationssysteme. Jüngere Forschungsprojekte konzentrieren sich auf digitale Innovationen im betrieblichen und privaten Kontext.

Nils Urbach studierte Wirtschaftsinformatik an der Universität Paderborn und promovierte an der EBS Business School in Oestrich-Winkel. Internationale Erfahrung sammelte er im Rahmen seiner Forschungsaufenthalte an der University of Pittsburgh und der Université de Lausanne. Zudem war er mehrere Jahre als Unternehmensberater für Accenture in Kronberg im Taunus sowie für Horváth & Partners in Frankfurt am Main tätig. Seine Forschungsergebnisse wurden in internationalen Fachzeitschriften sowie in Tagungsbänden wissenschaftlicher Konferenzen veröffentlicht. Nils Urbach berät mehrere Unternehmen zu Fragestellungen der Digitalisierung und tritt regelmäßig als Redner in diesem Themenbereich auf. Er gilt als einer der führenden Experten in Deutschland zu den Themenbereichen Digitale Transformation und Blockchain.

Einleitung: Digitalisierung verändert die Geschäftswelt

1

Unter dem Stichwort Digitalisierung führen Neu- und Weiterentwicklungen von digitalen Technologien zu signifikanten Veränderungen in Wirtschaft und Gesellschaft (Legner et al. 2017). Wesentliches Merkmal einer digitalisierten Unternehmenswelt ist, dass digitale Technologien nicht mehr nur zur Unterstützung von Geschäftsprozessen eingesetzt, sondern zunehmend inhärenter Bestandteil von Produkten, Dienstleistungen und Geschäftsmodellen werden (Urbach und Röglinger 2018). Während Informationstechnologie bereits seit längerer Zeit als wichtiger Produktionsfaktor der meisten Unternehmen angesehen wird, führen digitale Innovationen heute zu einer teilweise radikalen Transformation von Unternehmen und gesamten Branchen. Für viele Unternehmensvertreter ist der damit verbundene Wandel Fluch und Segen zugleich (Urbach und Ahlemann 2017). Zum einen bieten digitale Geschäftsmodellinnovationen die Chance, mit guten Ideen etablierte und neue Märkte zu erobern. Zum anderen sehen sich viele Unternehmen in zunehmendem Maße der Gefahr ausgesetzt, Opfer der disruptiven Wirkung der Digitalisierung zu werden. Entsprechend befinden sich viele Unternehmen im sukzessiven Wandel hin zu digitalen Unternehmen, was wir auch als digitale Transformation bezeichnen (Röglinger und Urbach 2017).

Das Phänomen der Digitalisierung wird vor allem durch den Einsatz neuer Technologien getrieben, welche Auswirkungen auf die Art und Weise haben, wie Geschäftsvorgänge durchgeführt werden (siehe Abb. 1.1). Die Liste der technologischen Treiber der Digitalisierung ist dabei sehr lang. Als zentrale Technologien wurden in den letzten Jahren vor allem Smart Mobile Devices, Social Media, Cloud Computing, Advanced Analytics, Internet of Things und künstliche Intelligenz angesehen, aber auch Technologien wie Blockchain sowie Virtual and Augmented Reality spielen eine immer größere Rolle. Dabei sind es weniger die spezifischen Technologien und die damit verbundenen Konzepte an

© Springer Fachmedien Wiesbaden GmbH, ein Teil von Springer Nature 2020
N. Urbach, *Marketing im Zeitalter der Digitalisierung,* essentials,
https://doi.org/10.1007/978-3-658-30510-9_1

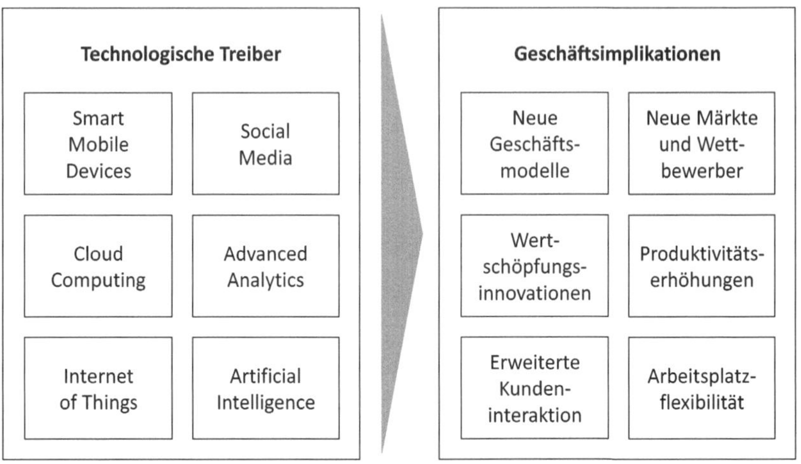

Abb. 1.1 Geschäftsimplikationen disruptiver Technologien

sich, sondern die grundlegenden Charakteristika der technologischen Rahmenbedingungen, die eine disruptive Wirkung entfalten. Es ist damit zu rechnen, dass auch in den nächsten Jahren immer wieder neue bahnbrechende, technologische Innovationen die Digitalisierung befeuern werden. Den aktuellen technologischen Entwicklungen sind jedoch fundamentale Eigenschaften gemein, nämlich die praktische Grenzenlosigkeit der Informations- und zunehmend auch Wissensverarbeitung (Urbach und Ahlemann 2016b, S. 37 ff.). Zu den Geschäftsimplikationen dieser Technologien gehört das Entstehen von neuen Geschäftsmodellen und Märkten. Diese neuen Märkte werden zum Teil von neuen Anbietern generiert, zum Teil drängen auch Unternehmen aus anderen Branchen in diese hinein. Es entstehen neue Wertschöpfungsinnovationen, wie beispielsweise unter dem Stichwort „Industrie 4.0". Wir erleben weitere, teilweise signifikante Produktivitätsverbesserungen durch IT in allen Branchen. Des Weiteren spielen die vor allem durch digitale Kanäle gesteigerten Interaktionsmöglichkeiten von Unternehmen mit ihren Kunden, zwischen Geschäftspartnern sowie zwischen Kunden eine immer zentralere Rolle (Röglinger und Urbach 2017). Nicht zuletzt ermöglichen die neuen Technologien, speziell im Bereich der Wissensarbeit, neue Möglichkeiten sowie eine gesteigerte Flexibilität bei der Arbeitsplatzgestaltung (Urbach und Ahlemann 2016a).

Digitalisierung betrifft nicht nur alle Branchen und Unternehmen, sondern auch alle Funktionsbereiche innerhalb eines Unternehmens (Urbach und

Ahlemann 2016b, S. 11 ff.). Beispielsweise können im Einkauf bereits heute intelligente Algorithmen auf Basis von Verbrauchsinformationen Bedarfe vorhersagen, geeignete Lieferanten identifizieren und dann Bestellvorschläge erstellen. Gerade bei unkritischen Gütern kann ein „Just-in-Time Predictive Procurement" sogar autonom Bestellungen vornehmen, sodass Lagerbestände automatisch minimiert werden. In der Logistik sind die Konsequenzen der Digitalisierung bereits besonders spürbar. So können Warenströme vollständig digital erfasst und in Echtzeit analysiert und gesteuert werden. In der Produktion werden unter dem Stichwort „Industrie 4.0" Maschinen und Roboter zunehmend untereinander vernetzt und mit Sensoren ausgestattet, die Informationen über die Umgebung, das Werkstück, den Arbeitsfortschritt und interne Zustände erfassen. Dadurch nähern wir uns immer weiter einer vollautomatisierten Produktion. Die Digitalisierung verändert auch die Personalfunktion in Unternehmen. So wird es beispielsweise immer leichter, umfassende Informationen über derzeitige und potenzielle Mitarbeiter zu generieren und zielgerichtet auszuwerten. Nicht zuletzt übt die Digitalisierung einen signifikanten Einfluss auf die Finanzfunktion von Unternehmen aus. Beispielsweise führt ein „Predictive Forecasting" zu einer Ablösung von reaktiv-analytischen Auswertungen von Vergangenheitsdaten durch proaktiv-prognostizierende Ansätze, von denen eine deutlich höhere Treffsicherheit erwartet wird.

Diese Entwicklungen führen zu einem deutlich steigenden Bedarf an IT-Know-how in den Fachbereichen eines Unternehmens. Entsprechend befindet sich auch die IT-Funktion im Wandel, da die IT-Kompetenzen zunehmend dezentraler und damit „näher am Business" benötigt werden. Perspektivisch wird Digitalisierung zu einer Verschmelzung von Fachbereichen und IT-Funktion führen (Urbach und Ahlemann 2016b, S. 67 ff.). Der aktuell diskutierte Ansatz einer „Business-managed IT" kann entsprechend als Vorbote der neuen digitalen Unternehmenswelt angesehen werden (Klotz et al. 2019). Natürlich wird die Digitalisierung auch nicht spurlos am Marketing vorbeigehen. Ganz im Gegenteil – insbesondere in Unternehmen, die Produkte und Dienstleistungen für Endkunden anbieten, wurde diese Funktion schon frühzeitig von Digitalisierungsinitiativen erfasst. Dieses *essential* fokussiert sich im Folgenden auf die Digitalisierung des Marketings. Dazu werden im nachfolgenden Kap. 2 zunächst die zentralen Treibe des digitalen Marketings herausgestellt. Anschließend werden in Kap. 3 die Implikationen des digitalen Marketings sowie in Kap. 4 die Auswirkungen auf die Marketing-Funktion diskutiert. Das *essential* endet mit einer Zusammenfassung der wesentlichen Erkenntnisse und einem Fazit in Kap. 5.

Treiber des digitalen Marketings 2

Die aktuellen Entwicklungen der Digitalisierung führen zu neuen Anforderungen an das Marketing. Als wesentliche Treiber des digitalen Marketings haben wir drei Entwicklungen identifiziert, ohne dabei den Anspruch auf Vollständigkeit zu erheben. Zu den wesentlichen Entwicklungen zählen wir die aktuellen *Veränderungen im Kundenverhalten*, die *kontinuierliche Weiterentwicklung von digitalen Technologien* sowie das *Phänomen der zunehmenden Servitization* (siehe Abb. 2.1). An dieser Stelle ist zu beachten, dass diese Treiber nicht als voneinander unabhängig zu betrachten sind, sondern sich diese in nicht unerheblichem Maße gegenseitig beeinflussen. So ist beispielsweise das veränderte Kundenverhalten eine Folge von technologischen Innovationen im Konsumentenbereich. Gleichzeitig wird mit neuen technologischen Lösungen auf dieses veränderte Kundenverhalten reagiert.

2.1 Verändertes Kundenverhalten

Unter anderem beeinflusst durch die gegenwärtigen technologischen Entwicklungen und dem Umgang mit diesen, hat sich das Kundenverhalten im Kaufprozess in den vergangenen Jahren deutlich verändert (Ternès 2018).

Gerade jüngere Konsumenten, vor allem Digital Natives, suchen vermehrt und bevorzugt digitale Angebote bzw. nutzen digitale Kanäle für den Kaufprozess. Eine Studie des Handelsverband Deutschland (HDE 2019) zeigt, dass der deutsche Onlinehandel seit Anbeginn kontinuierlich wächst, wenngleich die relativen Wachstumsraten in den letzten Jahren rückläufig sind, was aber wiederum durch das mittlerweile erreichte hohe Niveau zu erklären ist. Sowohl in den Altersgruppen 14–29 und 30–59 lassen sich bereits jetzt annähernd

© Springer Fachmedien Wiesbaden GmbH, ein Teil von Springer Nature 2020
N. Urbach, *Marketing im Zeitalter der Digitalisierung,* essentials,
https://doi.org/10.1007/978-3-658-30510-9_2

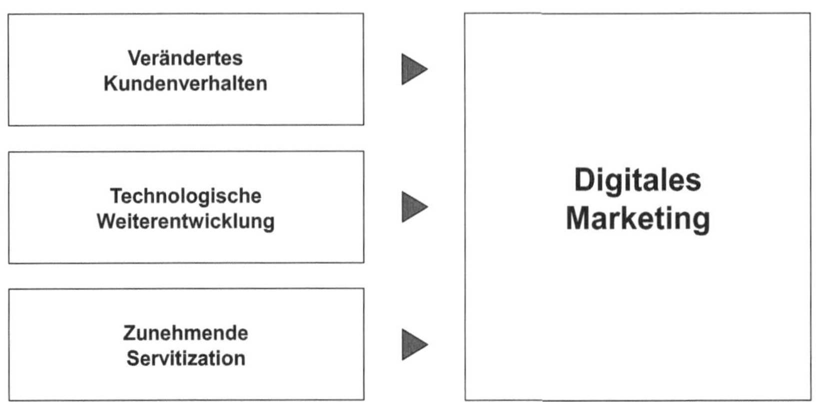

Abb. 2.1 Treiber des digitalen Marketings

80 % der Konsumenten der Gruppe der Online-Shopper zuordnen. Aber auch ältere Personen nutzen mittlerweile gerne digitale Angebote und nutzen digitale Kanäle im Kaufprozess, wenn diese benutzerfreundlich sind und einen Mehrwert gegenüber analogen Alternativen liefern. In der Altersgruppe der über 59-jährigen Konsumenten sind der Studie zur Folge zwar lediglich etwa 35 % im Online-Handel unterwegs, hier ist mit 11 % der Konsumenten die Zuwachsrate aber derzeit am größten.

Eine weitere wesentliche Veränderung liegt auch in den Recherchegewohnheiten potenzieller Kunden, für die der sehr viel einfachere Informationszugang durch internetbasierte Medien ursächlich ist. Während es im analogen Zeitalter noch eher die Regel als die Ausnahme war, dass ein Kunde mit wenigen Vorkenntnissen von spezifischen Produkteigenschaften vergleichsweise offen in den Verkaufsprozess eingetreten ist und sich sehr stark auf die Beratung eines Verkäufers eingelassen hat, so ist die vorab gebildete Informationsbasis des potenziellen Kunden im Digitalzeitalter im Kaufprozess sehr viel ausgeprägter. Als typische Quellen dienen dabei Kundenbewertungen von Online-Verkaufsplattformen, auf Webseiten bereitgestellte Testberichte, produktbezogene Diskussionen in den sozialen Medien und Meinungen von sogenannten Influencern. Im Ergebnis sind die Kunden im Digitalzeitalter meist kritischer, informierter, selbstbewusster und flexibler, was die Gestaltung ihrer Kaufentscheidungen angeht.

Eine weitere Veränderung im Kundenverhalten bezieht sich auf das Nutzungsverhalten von Marketingkanälen. An dieser Stelle ist zu beobachten, dass sich die Kanallandschaft dahingehend verändert, dass einige etablierte Kanäle immer unwichtiger werden, während viele der neuen digitalen Kanäle hingegen deutlich an Bedeutung gewinnen und sukzessive die etablierten Kanäle ersetzen. So zeigen aktuelle Studien, dass das „lineare" Fernsehen immer unwichtiger geworden und gerade bei den jüngeren Generationen bereits deutlich von Video-on-Demand-Anbietern (wie bspw. Netflix) überholt worden sind (Die Medienanstalten 2018) (siehe Abb. 2.2). Hierbei ist zu beachten, dass die neuen Kanäle in der Regel weit mehr als nur die digitalen Abbilder ihrer analogen Äquivalente darstellen, sondern meist deutlich mehr Möglichkeiten der Interaktion mit und zwischen den Nutzern erlauben. Als Beispiel seien an dieser Stelle interaktive Netflix-Filme genannt, bei denen der Zuschauer selbst aktiv die Handlung beeinflussen kann. So überträgt beispielsweise der Film „Black Mirror – Bandersnatch" dem Zuschauer die Verantwortung für Handeln und Schicksal der Hauptfigur dadurch, dass dem Zuschauer regelmäßig Optionen eingeblendet werden, mit denen er entscheiden kann, wie der Protagonist in bestimmten Situationen handeln soll (Stern 2019).

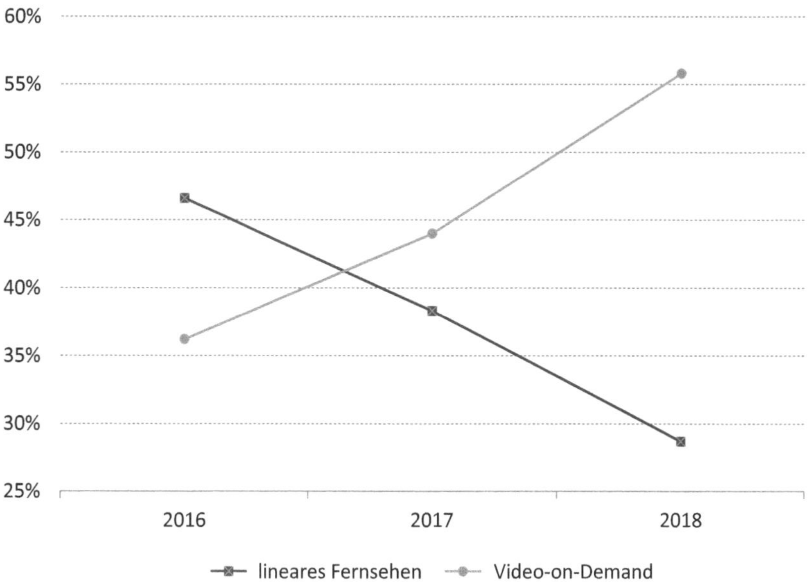

Abb. 2.2 Veränderungen in der Kanallandschaft

2.2   Technologische Weiterentwicklung

Ein naheliegender Treiber des digitalen Marketings ist die Weiterentwicklung der digitalen Technologien, die einerseits als Auslöser der gegenwärtigen Veränderungen anzusehen sind, andererseits aber auch einige neue Möglichkeiten zur Neuaufstellung von Markenmanagement und Marktkommunikation bieten. Eine geläufige Gruppierung relevanter digitaler Technologien wird unter dem Akronym SMACIT vorgenommen, worunter Social Media, Mobile Computing, Analytics, Cloud Computing und das Internet of Things subsumiert werden. Als DARQ wird das nächste Set essenzieller digitaler Technologien für Unternehmen bezeichnet. Hierbei werden Distributed Ledger Technology (Blockchain), Artificial Intelligence (künstliche Intelligenz), Extended Reality (Virtual und Augmented Reality) und das Quantum Computing zusammengefasst. Eine alternative Strukturierung digitaler Technologien wird durch Berger et al. (2017) vorgenommen, welche eine Gruppierung in insgesamt neun Archetypen vorsieht. Auf oberster Ebene werden diese Archetypen wiederum in die drei Technologieklassen Cyber Technologies, Bridging Technologies und Interaction Technologies zusammengeführt.

Im Folgenden sollen nur einige wenige der gegenwärtig diskutierten digitalen Innovationen mit ihren Einsatzmöglichkeiten im Marketing und den daraus resultierenden Nutzenpotenzialen vorgestellt werden. Wichtig ist an dieser Stelle aber festzuhalten, dass die aktuell als disruptiv wahrgenommenen Technologien schon in Kürze an Bedeutung verlieren und durch neue technologische Trends verdrängt werden könnten. Entsprechend ist es zur essenziellen Unternehmensaufgabe im Digitalzeitalter geworden, technologische Weiterentwicklungen kontinuierlich auf ihr disruptives Potenzial hin zu beobachten und zu bewerten (Technology Scouting) (Urbach und Ahlemann 2016b). Eine regelmäßige Übersicht über aktuell relevante digitale Technologien und ihre aktuelle Bedeutung gibt der jährlich aktualisiert herausgegebene Hype Cycle of Emerging Technologies des Analystenhauses Gartner (Gartner 2019).

2.2.1   Digitale Sprachassistenten

Ein aktueller technologischer Trend sind digitale Sprachassistenten und das sich dadurch etablierende Voice Commerce (auch als Conversational Commerce bezeichnet) (Tuzovic und Paluch 2018). Als digitale Sprachassistenten bezeichnen wir Software, die in der Lage ist, vom Menschen gesprochene

Anweisungen auf Basis von Spracherkennung, -analyse uns -synthese zu verarbeiten und auszuführen. Für die Verarbeitung greifen die Sprachassistenten meist auf Big Data Analytics und künstliche Intelligenz zurück. Digitale Sprachassistenten spielen vor allem auf klassischen Endgeräten wie Smartphones und Tablets eine immer größere Rolle. In zunehmendem Maße werden aber auch eigens dafür entwickelte, stationäre Geräte eingesetzt oder digitale Sprachassistenten in andere Hardware (wie bspw. Smart Speaker) integriert. Ihrer Grundidee folgend, ist für die Nutzung von digitalen Sprachassistenten keine (zusätzliche) Tastatureingabe durch den Benutzer erforderlich. Die Assistenten beginnen ihre Arbeit in der Regel mit einer spezifischen Aktvierungsphrase, wodurch die Aufzeichnung des Arbeitsauftrags mit einem Mikrofon angestoßen wird. Um dem Nutzer eine möglichst schnelle Reaktionszeit zu ermöglichen, werden die Anfragen im Regelfall über eine Internetverbindung auf einen Server des jeweiligen Anbieters übertragen und dort verarbeitet. Zu den aktuell dominanten digitalen Sprachassistenten gehören Alexa (Amazon), Siri (Apple), Google Assistant, Cortana (Microsoft) und Bixby (Samsung). Laut einer Studie von Capgemini nutzten Anfang 2018 bereits 36 % der Deutschen solche Assistenten im Alltag (Capgemini 2018). In diesem Kontext können wir auch einen Trend zum Smart Home beobachten, worunter die Vernetzung von Haustechnik, Haushaltsgeräten und Unterhaltungselektronik in Wohnräumen verstanden wird (Ricquebourg 2006). Dabei erfreuen sich Smart Speaker wie Amazon Echo und Dot, Apples HomePod sowie Google Home wachsender Beliebtheit.

Die kontinuierliche Verbesserung und zunehmende Verbreitung solcher sprachgesteuerten Geräte wird zu einer starken Veränderung des Konsumentenverhaltens führen. So werden beispielsweise Produktsuchen zukünftig sehr viel häufiger per Sprache als sogenannte Voice Searchs durchgeführt werden. Hierauf wird sich das Marketing einzustellen haben, denn auch in der sprachbasierten Welt müssten Marken und Produkte durch den Konsumenten gefunden werden. Es ist zudem davon auszugehen, dass auch Bestell- und Kaufvorgänge sehr viel häufiger durch bloße Spracheingaben ausgelöst werden. Auch hierauf müssen sich die Vertriebsorganisationen einstellen und Unternehmen möglicherweise gar ihre Geschäftsmodelle entsprechend adjustieren. Unter anderem wird durch die neuen Entwicklungen im Voice Commerce das sogenannte Sound-Logo immer mehr zum akustischen Aushängeschild von Unternehmen. Hierbei soll ein unverwechselbarer Klang über die verschiedenen Kanäle hinweg vom Kunden mit einer Marke assoziiert werden, wodurch die Kundenwahrnehmung erhöht und die Marke gestärkt werden soll (Steiner 2018,

S. 93 ff.). Aktuell steckt das Thema Voice Commerce insbesondere im deutschsprachigen Raum derzeit noch in den Kinderschuhen. In den USA wird aber bereits rege über Sprachbefehle eingekauft und Prognosen sehen ein weiteres Wachstum in den nächsten Jahren (Pohlgeers 2019). Dabei kam es zu Beginn zwar noch teilweise zu ungewollten Bestellvorgängen (Stumpe 2017), gleichzeitig wird die die Mensch-Maschine-Kommunikation mittels Sprache durch die zunehmend wachsende Rechenleistung und die kontinuierlichen Fortschritte bei Spracherkennungs- und Sprachausgabetechnologien basierend auf künstlicher Intelligenz aber immer besser. So hat beispielsweise die Spracherkennung moderner Sprachassistenten schon vor mehreren Jahren bereits menschliches Niveau erreicht (Schnellbacher 2016). Patente von Amazon weisen zudem bereits darauf hin, dass der digitale Sprachassistent Alexa bald in der Lage sein wird, über die Stimme des Nutzers eine Erkältung zu erkennen und auf diese Basis automatisch Bestellvorgänge für entsprechende Medikamente vorzuschlagen (Wittenhorst 2018).

2.2.2 Virtual und Augmented Reality

Als weitere technologischen Treiber des digitalen Marketings sind die gegenwärtigen Weiterentwicklungen im Bereich der Virtual und Augmented Reality anzusehen, welche vollkommen neue Möglichkeiten der Kundenansprache bieten. Unter Virtual Reality (VR) verstehen wir die Darstellung und gleichzeitige Wahrnehmung der Wirklichkeit und ihrer physikalischen Eigenschaften in einer in Echtzeit computergenerierten, interaktiven virtuellen Umgebung. Dadurch wird den Nutzern das immersive Eintauchen, also die Einbettung der eigenen Person, in vollständig computergenerierte Welten ermöglicht. Eng damit verwandt bezeichnet Augmented Reality (AR) eine Vermischung der virtuellen und physischen Realität (Dörner et al. 2013, S. 1 ff.), weshalb sie auch als erweiterte Realität oder auch Mixed Reality bezeichnet wird. Hierbei werden in aller Regel Videos oder Bilder mit computergenerierten Zusatzinformationen oder virtuellen Objekten mittels Einblendung oder Überlagerung ergänzt. Ein populäres Beispiel für eine Anwendung der Augmented Reality stellt das Computerspiel Pokémon Go dar, bei dem die Spieler auf ihren Smartphones oder Tablets virtuelle Fantasiewesen fangen, entwickeln und in virtuellen Kämpfen gegeneinander antreten lassen. Die Besonderheit dabei ist, dass die Fantasiewesen als Überlagerung des Kamerabildes dargestellt und somit Teil der wahrgenommenen Realität des Spielers werden.

Im E-Commerce wird Virtual Reality bereits eingesetzt, um den Kunden bei der Konfiguration von Produkten zu unterstützen und ihm eine bessere Vorstellung vom individuellen Produkt geben zu können. So lassen sich beispielsweise in der Möbelindustrie Anwendungen finden, die ein virtuelles Konfigurieren von Möbeln erlauben. Durch den Einsatz von Augmented Reality lassen sich die ausgewählten Möbelteile dann sogar in Echtzeit in den realen Raum integrieren (heise 2018). Eine weitere vielversprechende VR/AR-Anwendung für den E-Commerce stellt die visuelle Suche (Visual Search) dar. Bei Anwendungen wie etwa Google Lens hält der Nutzer die Kamera seines Smartphones auf einen beliebigen Gegenstand und bekommt passende Kaufangebote dazu in das Kamerabild eingeblendet, um unmittelbar einen Kaufvorgang in einem verknüpften Onlineshop starten zu können. Darüber hinaus bietet Augmented Reality vollkommen neue Möglichkeiten der Kundenansprache in der Marktkommunikation. Ein relativ bekanntgewordenes Beispiel hierfür ist die Marketing-Aktion des Getränke- und Lebensmittelkonzerns Pepsi, der in London eine vermeintlich transparente Seitenwand an einer Bushaltestelle montiert hatte. Der Clou dieser „Unbelievable Bus Shelter" war aber, dass die Transparenz durch ein Videobild erzeugt wurde, welches durch eine Kamera auf der Rückseite der Wand aufgenommen wurde. Die vermeintlich transparente Scheibe wurde dann sukzessive mit allerlei Kuriositäten wie Ufos, Tiger oder Tentakelarmen angereichert. Viele der dadurch verwunderten Passanten haben für den „Realitätscheck" einen Blick auf die andere Seite der Wand gewagt, wo dann die eigentliche Pepsi-Werbung angezeigt wurde (YouTube 2014).

2.2.3 Blockchain

Als relativ junger Technologie-Treiber wird derzeit die Blockchain-Technologie betrachtet, wenngleich diese bereits mit der Kryptowährung Bitcoin im Jahr 2008 als Konzept (Nakamoto 2008) vorgestellt und ein Jahr später als Open Source Software bereitgestellt wurde. Unter einer Blockchain verstehen wir eine kontinuierlich erweiterbare Liste von Datensätzen („Blocks"), die mittels kryptographischer Verfahren zu einer Kette („Chain") verbunden werden (Schlatt et al. 2016). Dadurch ermöglichst sie eine verteilte, dezentrale Datenstruktur, die Transaktionen transparent, chronologisch und unveränderbar in einem Netzwerk speichert (Urbach 2019). Aufgrund ihrer spezifischen Eigenschaften, wie der Verwaltung durch Netzknoten anstatt einer zentralen Autorität sowie der Unveränderbarkeit der Transaktionshistorie, wird der Blockchain-Technologie großes ökonomisches Potenzial zugesprochen (Fridgen et al. 2017). Durch eine sichere

Verarbeitung von Informationen und Transaktionen, Manipulationsresistenz und dezentrale Konsensbildung ermöglicht Blockchain als höherwertige digitale Infrastruktur eine Fortentwicklung vom heutigen „Internet der Informationen" zum „Internet der Werte und des Vertrauens" (Fridgen et al. 2019). Ein zusätzliches Potenzial der Blockchain-Technologie ergibt sich durch den Einsatz sogenannter Smart Contracts (Urbach 2018). Hierunter verstehen wir eigenständige Computerprogramme, die programmierte Aktionen innerhalb einer Blockchain gemäß hinterlegten Regeln automatisiert ausführen können, wenn ein zuvor definiertes Ereignis eintritt. Smart Contracts ermöglichen unter anderem auch die Erstellung von Tokens, mit der unter anderem auch Kryptowährungen abgebildet werden können (Arnold et al. 2018).

Die Blockchain-Technologie findet nach und nach ihren Weg in die Unternehmenswelt und zunehmend auch ins Marketing (Ertemel 2018; Rejeb et al. 2020). Ein wesentliches Potenzial zur Nutzung der Blockchain-Technologie im Marketing liegt in der Nachverfolgung jeglicher Daten und der Aussortierung falscher Informationen (Pfister 2019). Wie in anderen Anwendungsbereichen auch, nähern sich viele Unternehmen dem produktiven Einsatz von Blockchain-Lösungen über die Erprobung von Prototypen für spezifische Anwendungsfälle. Als vielversprechender Use-Case für den Einsatz von Blockchain im Marketing wird beispielsweise die Nachverfolgbarkeit der Supply-Chain von Produkten gesehen (Scherf und Becker 2019). Die konkrete Idee besteht darin, die Blockchain-Technologie in die Wertschöpfungskette der Produkte so zu implementieren, dass die gesamte Wertschöpfungskette eines Produktes darüber nachvollziehbar gemacht werden kann. So könnten Informationen wie die Herkunft von Rohmaterialien und Inhaltsstoffen, Informationen über die (faire) Bezahlung von Arbeitern oder die Einhaltung einer Kühlkette unwiderruflich gespeichert und dem Konsumenten bereitgestellt werden. Der Konsument erhält somit auf seinen Wunsch verifizierte und nicht manipulierbare Informationen über die Herkunft und Verarbeitung eines bestimmten Produkts, wodurch eine neue Form des Markenerlebnisses entstehen kann. Der Vorteil des Produktanbieters liegt auf der anderen Seite darin, dass Kunden ein potenziell größeres Vertrauen in das Unternehmen und dessen Kommunikation aufbauen können. Als weitere Anwendungsfälle der Blockchain-Technologie werden unter anderem das Object Marketing über einen Digital Twin (Stöcker et al. 2017), Blockchain-basierte Werbeplattformen (Scherf und Becker 2019) und Monetarisierungssysteme für den dezentralen Austausch von digitaler Werbung (wie bspw. der Basic Attention Token) gesehen. Wie in anderen Domänen auch kann das Potenzial von Blockchain im Marketing als hoch angesehen werden. Gleichzeitig muss sich die Blockchain-Technologie aber auch hier noch über umfangreichere Produktivanwendungen beweisen.

2.2.4 Künstliche Intelligenz

Der aktuell vermutlich meist diskutierte „Technologietrend" stellt die künstliche Intelligenz (KI) dar. Bei künstlicher Intelligenz handelt es sich um ein vergleichbar etabliertes Teilgebiet der Informatik, welches versucht, bestimmte Entscheidungs- und Verhaltensstrukturen des Menschen nachzubilden und mithilfe lernender Systeme zu automatisieren. Aufgrund der Vielzahl an Konzepten und Technologien, die unter dem Stichwort „künstliche Intelligenz" zusammengefasst werden, ist der Begriff jedoch nicht eindeutig abgrenzbar. Während es nach dem Verständnis der „schwachen KI-These" darum geht, konkrete Anwendungsprobleme des menschlichen Denkens zu meistern und dabei das menschliche Denken in Einzelbereichen zu unterstützen, geht die „starke KI-These" davon aus, mit maschinellen Systemen menschliches Denken und Handeln nahezu vollständig nachahmen zu können (Russell und Norvig 2016). KI durchdringt unser Privat- und Berufsleben immer stärker und ist bereits heute fester Bestandteil davon. Wir als Menschen sehen uns damit der Herausforderung gegenüber, in unserem Alltag immer öfter mit KI zu interagieren. Entsprechend sollten sich Unternehmen bei der Gestaltung von KI-Lösungen nicht nur auf ihre technologische Weiterentwicklung, sondern gleichermaßen auf die Interaktion zwischen Menschen und KI fokussieren (Alan et al. 2019). Des Weiteren ist die Anwendung von KI als Gesamtunternehmensaufgabe zu verstehen, bei der auch die ethische Perspektive nicht zu vernachlässigen ist (Urbach et al. 2019).

Wie in den anderen Unternehmensbereichen ist durch KI in Zukunft auch im Marketing eine neue Stufe der Automatisierung zu erwarten. Es lassen sich aber bereits jetzt mehrere Ansatzpunkte für den Einsatz von KI im Marketing beobachten. So lässt sich die Kundeninteraktion beispielsweise im Support durch Chatbots unterstützen. Mit solchen KI-getriebenen Bots lassen sich Kunden individuell ansprechen und eine kostengünstige Betreuung der Kunden rund um die Uhr gewährleisten. Die Konversation zwischen Bot und Kunde verbessert sich mit jedem Kundengespräch, sodass der Kunde zunehmend das Gefühl erhält, mit einem realen Menschen zu interagieren. In Kombination mit Predictive Analytics lassen sich dabei sogar Konsumentenverhalten und -wünsche vorausahnen und in der Konversation berücksichtigen. Weitere Ansatzpunkte für KI im digitalen Marketing bestehen unter anderem in der Musterkennung von Kundenverhalten, der Automatisierung von Werbekampagnen sowie der personalisierten

Automatisierung von Werbeanzeigen (Hyper Targeting). Anhaltende Debatten beschäftigen sich zudem mit der Frage, ob künstliche Intelligenz kreativ sein kann. In zunehmendem Maße wird diese Frage bejaht und die „Computational Creativity" mehr und mehr zur Realität (Wiggins 2006). Auch in einem aktuellen Beitrag von Schwab und Walter (2019) wird dieser Sachverhalt detailliert dargestellt und diskutiert. Aufgrund der großen Potenziale von KI für das Marketing wird auch verantwortlichen Marketing-Managern empfohlen, frühzeitig Erfahrungen mit KI zu sammeln, um nicht in Zukunft von Wettbewerbern abgehängt zu werden (Bünte 2018).

2.3 Zunehmende Servitization

Wechselseitig beeinflusst durch das veränderte Kundenverhalten und die gegenwärtigen technologischen Weiterentwicklungen ist die zunehmende Servitization als dritter wesentlicher Treiber des digitalen Marketings zu nennen. Unter Servitization verstehen wir die Entwicklung des Angebotsportfolios von Unternehmen weg von reinen Sachgütern und reinem Dienstleistungsgeschäft hin zu einer Kombination aus Sachgütern und Dienstleistungen. Diese Konvergenz aus Sachgütern und Dienstleistungen wird auch als Produktservicebündel oder hybrides Leistungsbündel bezeichnet (Meier et al. 2005). Ein bekanntes Beispiel für solche Produktservicebündel stellen moderne Raumlautsprecher („Smart Speaker") dar, die sich nicht notwendigerweise hardwareseitig in besonderem Maße von früheren Produktalternativen abheben. Vielmehr entfalten sie ihren besonderen Wert für ihre Nutzer dadurch, dass sie sich softwareseitig zusammenschalten sowie sich Sprachassistenten und Streamingdienste (oftmals auch externer Anbieter) einbinden lassen.

In der Marketing-Forschung wird das Phänomen der Servitization bereits seit einiger Zeit auch im Zusammenhang mit der sogenannten Service Dominant Logic diskutiert (Vargo und Lusch 2004). Im Gegensatz zur vormals etablierten Goods Dominant Logic, gemäß derer Unternehmen Güter herstellen, in denen der Wert gebunden ist und nach dem Verkauf durch den Konsum verbraucht wird, dienen Güter aus Sicht der Service Dominant Logic lediglich als Vehikel zum Transport von Dienstleistungen, welche mittels Anwendung der Güter aufseiten des Kunden erbracht werden und dadurch ihren Wert entfalten. Dabei wird zwischen dem Tauschwert des Produkts und dem Gebrauchswert, welcher durch den Kunden bestimmt wird, unterschieden. Dadurch findet die Wertschöpfung nicht mehr allein aufseiten des Produktherstellers, sondern gemeinsam mit dem Kunden statt. Ein wichtiges Ziel bei der Gestaltung von hybriden Leistungsbündeln ist entsprechend, möglichst kundenindividuelle Lösungen zu schaffen. Nicht selten wird der Kunde daher bereits eng in den Entstehungsprozess integriert. Dieser kollaborative Ansatz der Zusammenarbeit von Kunden und Unternehmen im Produktentstehungsprozess wird als Co-Creation bezeichnet. Hierdurch erhält der Kunde einerseits direkten Einfluss auf das Produkt. Anderseits kann das Unternehmen die Anforderungen des Kunden individuell adressieren (Prahalad und Ramaswamy 2000). Ein Beispiel aus dem Konsumentenbereich stellen Online-Produktkonfigurationen dar. So bietet beispielsweise der amerikanische Sportartikelhersteller Nike mit seinem Dienst „Nike by You" seinen Kunden die Möglichkeit, einen individuellen und personalisierten Laufschuh zu konfigurieren und zu bestellen (Nike 2020).

Eine wesentliche Veränderung für das Marketing ergibt sich durch die beschriebenen Entwicklungen dahingehend, dass der Kunde mit seinen spezifischen Bedürfnissen nun nicht erst beim Verkauf des fertigen Produkts, sondern sehr viel früher im Produktlebenszyklus mit entsprechenden Maßnahmen adressiert werden sollte. Als wichtige Voraussetzung für das Gelingen der Einbeziehung des Kunden als Co-Creator werden eine enge Kundennähe und hohes Kundenvertrauen auf der Individualebene angesehen (Kirchgeorg und Bruhn 2017). Denn der Wille und die Fähigkeit des Kunden, sich in den Produktentstehungsprozess zu integrieren und langfristig mit dem Anbieter zusammenzuarbeiten, wird immer mehr zum entscheidenden Treiber für den langfristigen wirtschaftlichen Erfolg.

Implikationen des digitalen Marketings 3

Die Entwicklungen hin zum digitalen Marketing bringen verschiedene Implikationen mit sich. Zu den wichtigsten Auswirkungen zählen wir die *Verbindung der digitalen und analogen Welt* in der Werbung, die *Entwicklung von Daten zum digitalen Öl des Marketings* sowie eine *zunehmende „Intimität"* des *Marketings* (siehe Abb. 3.1).

3.1 Werbung verbindet die analoge und die digitale Welt

Die oben skizzierten Entwicklungen könnten den Schluss nahelegen, dass die ehemals analoge Welt des Marketings perspektivisch vollständig in eine rein digitale Welt übergeht. Tatsächlich ist aber gegenwärtig vielmehr ein Verschmelzen beider Welten zu beobachten, in der eine klare Unterscheidung zwischen beiden Welten hinfällig wird. Bereits jetzt enthält eine typische Customer Journey meist sowohl Online- als auch Offline-Touchpoints (siehe Abb. 3.2). So wird ein Konsument beispielsweise über eine Printanzeige oder einen Radio-Spot auf ein neues Produktangebot aufmerksam. Durch eine vertiefende Recherche auf entsprechenden Web- und Social-Media-Seiten erhält er weitere kaufrelevante Informationen, die sein Kaufinteresse wecken und dazu führen, dass sich der Kunde das Produkt in einem physischen Store in Realität anschaut. Die Kaufentscheidung trifft der Konsument dann tatsächlich aber erst nachgelagert und löst die Bestellung über einen Online-Kanal von zu Hause aus. Der After-Sales-Service wird schließlich sowohl durch ein Call-Center als auch über digitale Kanäle abgewickelt.

© Springer Fachmedien Wiesbaden GmbH, ein Teil von Springer Nature 2020 17
N. Urbach, *Marketing im Zeitalter der Digitalisierung,* essentials,
https://doi.org/10.1007/978-3-658-30510-9_3

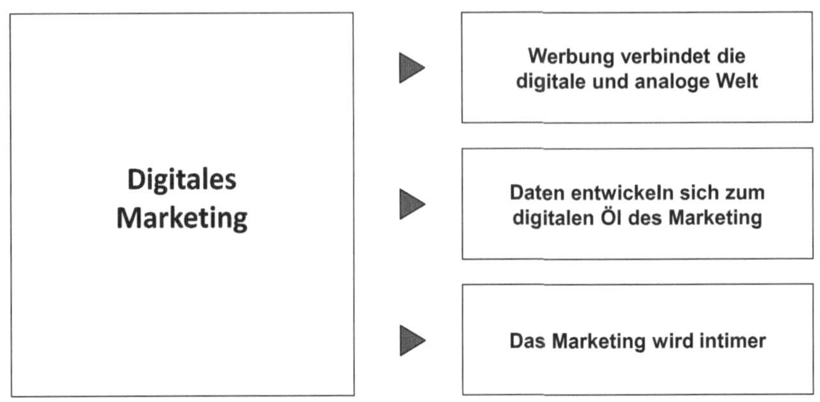

Abb. 3.1 Implikationen des digitalen Marketings

Diese Entwicklungen haben auch die großen E-Commerce-Anbieter frühzeitig erkannt. So hat beispielsweise auch der Online-Riese Amazon realisiert, dass ein optimales Kundenerlebnis nicht durch eine ausschließliche Online-Präsenz erreicht werden kann. Entsprechend plant Amazon, vermehrt Offline-Touchpoints zum Kunden zu etablieren. Vor diesem Hintergrund hat Amazon im Jahr 2017 die Biosupermarktkette Whole Foods übernommen und versucht gegenwärtig, mit weiteren innovativen Konzepten auch den stationären Einzelhandel zu erobern (Spiegel Online 2019). Ebenso untersucht der chinesische Konkurrent Alibaba mit seinem FashionAl-Store in Hongkong, wie die Zukunft des Modeeinzelhandels aussehen könnte. Das Konzept sieht unter anderem die Orientierung auf Verkaufsfläche mithilfe von Augmented Reality, das Scannen von QR-Codes auf physischen Produkten und den Einsatz von Smart Shelves als neuen Weg der Informationsbeschaffung vor (Textilwirtschaft 2019). Mithilfe eines „Magic Mirrors" können die Kunden kosmetische Produkte im virtuellen Raum ausprobieren, bevor sie diesbezüglich eine Kaufentscheidung treffen (Cheou 2018).

Der Trend zu „Phygical" (die Verschmelzung von Physical und Digital) ist auch bereits bei der Marktkommunikation selbst angekommen. So sehen wir immer häufiger digitale Kampagnen, die auf reale, äußere Einflüsse bezugnehmen. Ein Beispiel hierfür ist das „British Airways Magic Billboard". Hierbei handelt es sich um eine digitale Werbefläche der britischen Airline, die mit der Realwelt interagiert, indem Animationen von Kindern auf über die Werbefläche hinwegfliegende Flugzeuge zeigen (MacLeod 2013). Ein weiteres Beispiel stellt die T-Mobile-Kampagne „Life for sharing" dar. Herbei verschmolz das

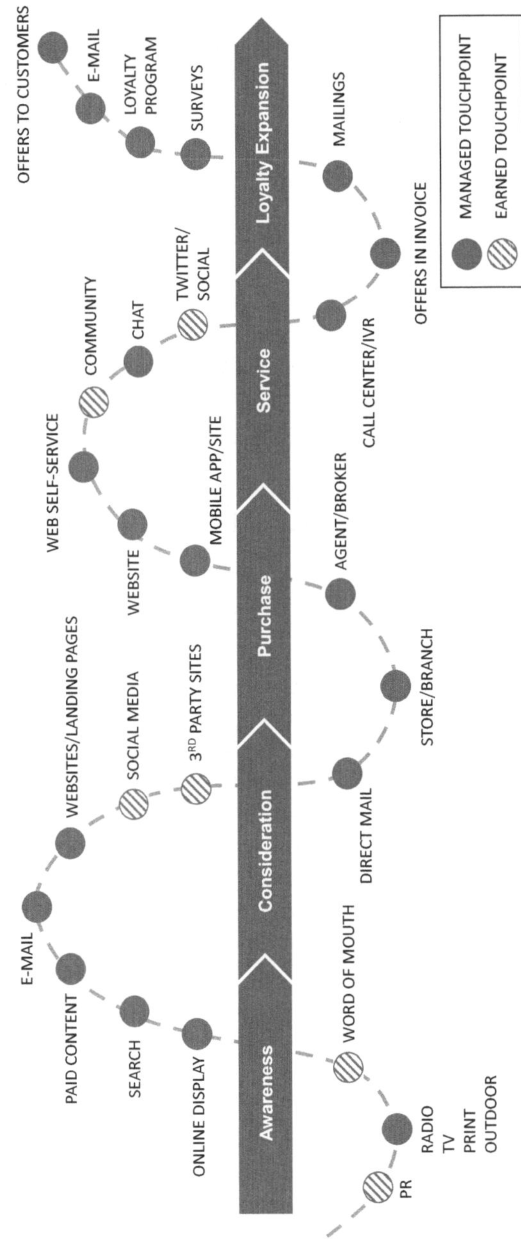

Abb. 3.2 Customer Journey mit Online- und Offline-Touchpoints. (In Anlehnung an Marketing Automation 2019)

Smartphone-Game „Angry Birds" die digitale Welt mit der Realität dahingehend, dass ein physischer „Angry Bird" aus der digitalen Welt herausspringt. Dadurch wurden immer mehr Passanten darauf aufmerksam und nahmen mit ihren eigenen Smartphones am Spiel teil, wodurch sich die beabsichtige Werbewirkung entfalten konnte (Doege 2014).

Die Verschmelzung von analoger und digitaler Welt entwickelt sich gegenwärtig rasant weiter und wird durch Weiterentwicklungen der Augmented Reality sowie der zunehmenden Servitization zusätzlich vorangetrieben. Entsprechend bedeutet es für ein erfolgreiches Marketing, sich sowohl in physischen als auch in digitalen Räumen bewegen zu müssen (Phygical Marketing). Dabei ist es essenziell, dass Marken auf den verschiedenen Kanälen für den Kunden präsent sind und die Touchpoints entsprechend ausgeweitet werden. Eine wesentliche Herausforderung dabei ist, die angebotenen Produkte am richtigen Ort zur richtigen Zeit zu platzieren (Doege 2014).

3.2 Daten entwickeln sich zum digitalen Öl des Marketings

Die Marketing-Abteilungen vieler Unternehmen haben bereits sehr frühzeitig damit begonnen, möglichst umfassend Informationen über ihre Kunden zu sammeln, um sie besser zu verstehen und ihnen möglichst maßgeschneidert Angebote zu unterbreiten. Spätestens seit dem Hype um „Big Data" versuchen Unternehmen heute, in großem Umfang ihr Bild von ihren Kunden durch die Generierung und Sammlung von kundenbezogenen Daten zu vervollständigen (Ebner et al. 2014). Hierzu zählen beispielsweise Daten aus sozialen Medien wie Online-Beiträge, Videos und Fotos (inklusive Standortinformationen), Interaktionen zwischen Anwendern oder auch die individuellen Netzwerke. Dabei greifen Unternehmen entweder auf frei zugängliche Daten der Benutzer zurück oder aber schaffen Interaktionsräume durch eigene Präsenzen und Aktivitäten in sozialen Medien. Darüber hinaus können Surf-Profile mit Hilfe von Cookies über verschiedene Webseiten hinweg analysiert werden. Die großen Anbieter kostenloser Internet-Dienste (wie Google) und Online-Händler (wie Amazon) sammeln signifikante Mengen an Daten über ihre Anwender, die wiederum werbetreibenden Unternehmen zur Verfügung gestellt werden. Neue Sensoren in mobilen Endgeräten oder auch der Kleidung führen zur Generierung weiterer Daten. Das Auswerten von Videodaten im Einzelhandel erlaubt mancherorts bereits die Identifikation von Kunden in Echtzeit (Urbach und Ahlemann 2016b, S. 42).

Durch ein gezieltes Mapping sind dem Anreichern von Kundenstammdaten mit diesen weitergehenden Kundeninformationen technisch kaum noch Grenzen gesetzt. So lassen sich beispielsweise Bewegungs- und Aktivitätsprofile, Teilnahme an Veranstaltungen und Ereignissen sowie Treffen mit Freunden und der Familie automatisch aus vorhandenen Datenpools ableiten, sofern es keine durch Gesetze oder den Benutzer vorgenommenen Einschränkungen gibt. Aufgrund der Schnelligkeit der aktuellen Entwicklungen ist nicht davon auszugehen, dass es bei der Sammlung kundenbezogener Daten bleibt. Moderne KI-Lösungen werden den Marketingsystemen der Zukunft zunehmend „Intelligenz" verleihen. So ist es bereits heute möglich, auf Basis von Social-Media-Daten Schlussfolgerungen in Hinblick auf die politische Orientierung, den sozioökonomischen Status, die emotionale Verfassung, ästhetische Präferenzen, Wertesysteme oder auch Charaktereigenschaften von Konsumenten zu ziehen. Diese Daten können im Marketing dazu verwendet werden, Kauf- und Dienstleistungsangebote zu unterbreiten, die eine sehr hohe Wahrscheinlichkeit der Akzeptanz haben. Dabei kann es soweit kommen, dass die tageszeitenabhängige emotionale Verfassung, Ereignisse im Tagesablauf sowie soziale Interaktionen analysiert werden, um den Käufer in einer Situation der „Schwäche" oder einer besonderen Kaufneigung anzusprechen (Urbach und Ahlemann 2016b, S. 42).

Die Nutzenpotenziale von datenbasierten Marketingansätzen lassen sich anhand von zwei mittlerweile „legendären" Beispielen illustrieren. Das erste Beispiel bezieht sich auf den Einsatz von Datenanalysen im Einzelhandel. Bereits vor einigen Jahren soll die amerikanische Warenhauskette Walmart auf Basis der Auswertung von Verkaufsdaten festgestellt haben, dass an Freitagabenden vermehrt Windeln und Bier gleichzeitig gekauft wurden. Die Vermutung lag nahe, dass es sich bei den Kunden um junge Väter handelte, die auf dem Rückweg von der Arbeit nach Hause kurz vor dem Wochenende noch schnell die „dringenden" Einkäufe erledigen. Walmart soll auf diese Erkenntnis reagiert haben, in dem das Unternehmen das Biersortiment in unmittelbarer Nähe zu den Windelpackungen platziert und dadurch den Umsatz signifikant erhöht hat. Es ist nicht belegt, ob sich diese Geschichte tatsächlich so zugetragen hat oder es sich vielmehr um eine „urban legend" handelt (Tian 2014). Nichtsdestotrotz zeigt es die Anwendungsmöglichkeiten und das Potenzial des Data Mining im Kontext des Marketings sehr anschaulich auf. Das zweite Beispiel soll das Potenzial der Prognose (Prediction) von datenbasierten Verfahren demonstrieren. Auch hier hat eine amerikanische Warenhauskette, diesmal Target, auf Basis von Datenanalysen das Kaufverhalten seiner Kunden analysiert. So war es in der Lage, die Wahrscheinlichkeit einer Schwangerschaft zu kalkulieren („Pregnancy Prediction

Score"), um so maßgeschneiderte Werbung bei betroffenen weiblichen Kunden zu platzieren. Dieses Beispiel ist vor allem deshalb so prominent geworden, da sich ein besorgter Vater beim Unternehmen beschwert hatte, dass seine (nicht schwangere) Tochter durch unpassende Werbebotschaften zu einer Schwangerschaft getrieben würde. Wie sich später herausstellte, war die Tochter aber tatsächlich schwanger, sodass sich der Vater schließlich bei Target entschuldigen musste (Duhigg 2012).

Wie sich durch diese Beispiele abzeichnet, sind die Auswirkungen der neuen, datenbasierten Marketingansätze sehr weitreichend. Auf einer individuellen Ebene werden wir erleben, dass es zumindest in Teilbereichen zum „gläsernen Konsumenten" kommt. Dieses Phänomen erlaubt eine neue Form des 1:1-Marketings, bei dem Unternehmen den Konsumenten unter Umständen allumfassend und in Echtzeit verstehen, möglicherweise besser als er sich selbst. Dadurch kann der Vertriebserfolg signifikant erhöht werden – und das weitgehend vollautomatisiert und zu vergleichsweise geringen Kosten. Darüber hinaus kann die Kundenbindung nachhaltig gestärkt werden, weil der Kunde sich vollumfänglich verstanden fühlt. Auf der anderen Seite unterliegt er einer subtilen und vermutlich für viele Konsumenten nicht mehr nachvollziehbaren Beeinflussung. Das bringt ethische Probleme mit sich, deren Klärung eine gesellschaftspolitische Debatte erfordert (Urbach und Ahlemann 2016b, S. 42). Zumindest im europäischen Rechtsraum wurden mit der Datenschutzgrundverordnung (DSGVO) gesetzliche Regelungen geschaffen, die zum Ziel haben, den Schutz personenbezogener Daten sicherzustellen, gleichzeitig aber auch den freien Datenverkehr innerhalb des europäischen Binnenmarkts zu gewährleisten (BFDI 2019). Mittlerweile zeichnet sich auch ab, dass viele Konsumenten nicht weiter bereit sind, nur zur Erhöhung der Convenience im Kaufprozess unreflektiert ihre Privatheit vollständig aufzugeben. Ganz im Gegenteil scheinen vor allem solche Unternehmen in zunehmendem Maße bei ihren Kunden zu Punkten, die vertrauensvoll mit sensiblen Daten umgehen. So stellt beispielsweise das Technologieunternehmen Apple die besondere Absicherung der Privatsphäre bei seinen Geräten und Diensten heraus und unterstreicht gegenüber seinen Kunden den Unterschied zu anderen Online-Diensten, die auf Basis von Kundendaten Geld mit Werbung verdienen (Zeit Online 2014). Hintergrund der zunehmenden Sensibilität auf Nutzerseite sind sicherlich die zunehmenden Fälle von größeren Datendiebstählen und Datenskandalen, die immer häufiger über die Presse der Öffentlichkeit bekannt gemacht werden.

3.3   Das Marketing wird intimer

Mit den oben beschriebenen Veränderungen in der Kanallandschaft ersetzt der digitale Wandel zunehmend unidirektionale Kanäle durch solche mit Feedback-Kanal. Entsprechend nehmen die Empfänger von Marketing-Botschaften mittlerweile eine sehr viel aktivere Rolle ein, als es im analogen Zeitalter noch der Fall war. Heute hat der Konsument die Möglichkeit, auf die Botschaften zu reagieren, sie zu liken, zu teilen oder darauf mit Kommentaren, Fragen oder seinem Verhalten zu reagieren. Für die Marktkommunikation bedeutet diese Entwicklung, dass sich die Botschaften selbst verändern und durch den Konsumenten in seinem individuellen Netzwerk verteilbar werden müssen (Lücke 2017). Der Konsument ist dabei gerade für solche Botschaften besonders empfänglich, die ihn besonders interessieren und emotional berühren. Entsprechend ist zu beobachten, dass das Marketing zunehmend intimer wird.

Das ist auch der Grund, weshalb das sogenannte Influencer-Marketing (Kilian 2017) gegenwärtig viel Aufmerksamkeit erfährt. Hierbei handelt es sich um eine Form des Online-Marketings, bei der Unternehmen gezielt externe Meinungsmacher (Influencer) mit Ansehen, Einfluss und Reichweite in einer bestimmten Zielgruppe in ihre Marktkommunikation einbinden. Als Influencer bezeichnen wir Akteure im Social Web, die durch meist selbstproduzierten Content (z. B. Videos auf YouTube) und dazugehörigen Interaktionen eine signifikante Anzahl an Beziehungen zu ihren „Followern" aufgebaut haben und Einfluss auf diese ausüben. Die Influencer werden von ihren Anhängern nicht selten als vertrauenswürdige Vorbilder angesehen, deren Meinungen sie schätzen und Empfehlungen sie beachten sowie denen sie teilweise blind vertrauen. Dadurch können Influencer das Image einer Marke positiv beeinflussen und zum Kauf von Produkten animieren (Enke und Borchers 2018). Auch in diesem Kontext versuchen Influencer, ihre „Jünger" auf einer emotionalen Ebene anzusprechen und eine möglichst intime Beziehung zu ihnen aufzubauen.

Die Wirkung des Influencer-Marketings lässt sich sehr anschaulich am Beispiel der gerade bei einer jüngeren Konsumentengruppe außerordentlich populären Beauty-Bloggering Bianca Heinicke darstellen. Nachdem „Bibi" ihr erstes eigenes Kosmetikprodukt auf ihrem YouTube-Kanal vorgestellt hatte, das exklusiv bei der Drogeriemarktkette dm erhältlich war, flippte ihre Internetgefolgschaft regelrecht aus und stürmte die Läden (Absatzwirtschaft 2015). Das Influencer-Marketing ist aber nicht ohne Kritik. So sind bezahlte Inhalte oftmals nicht als Werbung gekennzeichnet und verstoßen damit gegen medienrechtliche

Vorschriften. Zudem führt eine Zunahme von gesponsorten Beiträgen zu einer anwachsenden Unglaubwürdigkeit der Influencer (Leitherer 2017). Entsprechend sind die Erwartungen an die zukünftige Entwicklung des Influencer-Marketings nicht mehr uneingeschränkt positiv (Gontek 2018).

Auswirkungen auf die Marketing-Funktion

4

Der gegenwärtige Trend zur Digitalisierung birgt für das Marketing das Potenzial, neue Trends und Moden durch die Analyse von Kundendaten in Echtzeit verfolgen und sogar prognostizieren zu können. Damit können neue Produkte und Dienstleistungen punktgenau entworfen, produziert und angeboten werden, sodass Ladenhüter zunehmend der Vergangenheit angehören werden. Zudem erlauben solche Prognosen ein besseres Management von Lieferketten. Auch wird es Unternehmen möglich, Trends und Moden noch aktiver zu initiieren und zu steuern – auf eine subtile für die meisten Konsumenten nicht mehr offensichtliche Art und Weise.

Aufgrund der beschriebenen Entwicklungen sind einige etablierte Modelle und Konzepte des Marketings zu hinterfragen oder gar zu verwerfen. So verändern sich die Kommunikations-, aber auch die Preispolitik für viele Unternehmen. Vor allem im E-Commerce, zunehmend aber auch im stationären Handel, lassen sich Preise mittels technischer Möglichkeiten wie elektronischer Preisetiketten zunehmend dynamisieren (Dynamic Pricing). Die heute verfügbaren Daten ermöglichen es, die Verkaufspreise auch kurzfristig an das Preisverhalten der Wettbewerber oder das Bestellverhalten der Kunden anzupassen (Genth et al. 2016).

Bis es in der Breite so weit ist, sind heutige IT-Systeme jedoch deutlich weiterzuentwickeln. Unter anderen sind CRM-Systeme um entsprechend intelligente Verfahren und Anbindungen an soziale Medien, an den Point of Sale (POS) oder auch an relevante Ressourcen aus dem Web zu erweitern (Urbach und Ahlemann 2016b, S. 43). Hier ergeben sich in den Unternehmen derzeit große Herausforderungen. Einerseits verfügen Marketing- und IT-Verantwortliche noch über wenig Erfahrung, welche Software am sinnvollsten eingesetzt werden sollte, um die Marketing-Abteilung bei ihrer Arbeit zu unterstützen. Gleichzeitig müssen

© Springer Fachmedien Wiesbaden GmbH, ein Teil von Springer Nature 2020
N. Urbach, *Marketing im Zeitalter der Digitalisierung*, essentials,
https://doi.org/10.1007/978-3-658-30510-9_4

die Silos zwischen den einzelnen Marketing-Bereichen aufeinander abgestimmt werden, sowohl innerhalb der Unternehmung als auch mit den entsprechenden Dienstleistern (Dmoch 2019). Die auf dem Markt angebotenen Softwarelösungen erfüllen die neuen Anforderungen bei weitem noch nicht. Das bedeutet, dass Marketing- und IT-Abteilungen in den kommenden Jahren eine Art „Muddling Through" betreiben müssen, um einem Optimum, wenn es das überhaupt gibt, nahezukommen.

Durch die immer kürzer werdenden Innovationszyklen bei digitalen Innovationen wird sich das Marketing auf einen kontinuierlichen Wandel einstellen müssen (siehe Abb. 4.1). Vor zehn Jahren wurde bei Themen wie Search Engine Optimization (SEO), Paid Search oder Mobile Marketing noch darüber diskutiert, ob sich diese durchsetzen und Investitionen in diesen Bereichen sinnvoll sind (siehe Abb. 4.2). Mittlerweile gehören diese „Trends" zum grundlegenden Repertoire einer jeden modernen Marketing-Abteilung. Die Trends von heute werden durch verändertes Kundenverhalten, neue Technologien und zunehmende Servitization bestimmt und mit sehr hoher Wahrscheinlichkeit schon bald durch neue Entwicklungen abgelöst. Die Marketing-Funktionen der Unternehmen müssen sich entsprechend kontinuierlich hinterfragen und sich an ständig wandelnde Anforderungen ausrichten.

In diesem Zusammenhang werden auch neue Fähigkeiten der Mitarbeiter und andere Formen der Zusammenarbeit notwendig. So wird neben einer „klassischen" Marketing-Ausbildung das Vermitteln und Erlernen von digitalen

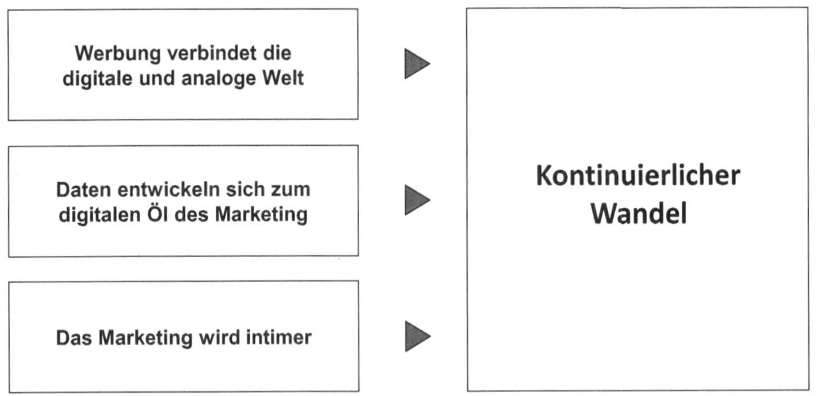

Abb. 4.1 Auswirkungen auf die Marketing-Funktion

Fähigkeiten in Bereichen wie Data Analytics, Social Media Marketing und künst-

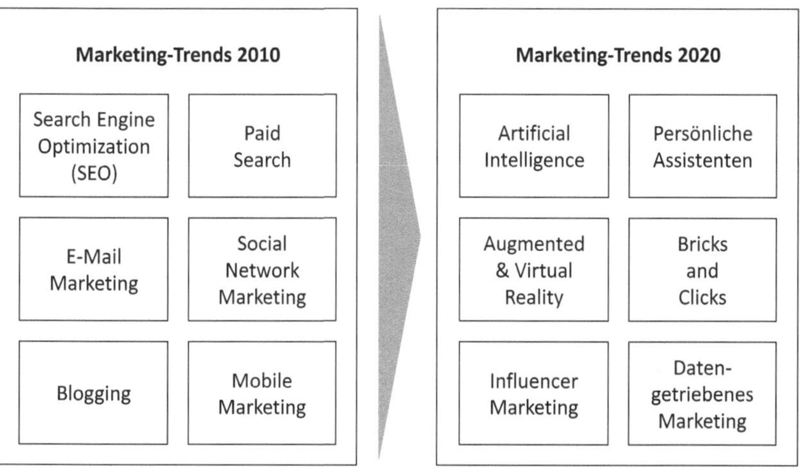

Abb. 4.2 Marketing-Trends 2010 und 2020

liche Intelligenz immer essenzieller für erfolgreiche Marketing-Funktionen und ihren Managern. Die Marketing-Abteilungen werden – wie die meisten anderen Unternehmensbereiche auch – immer stärker „digitalisiert" und zunehmend mit heutigen IT-Aufgaben verschmelzen. Der Trend zu agilen und anderen modernen Arbeitsformen wird sich auch im Marketing immer weiter durchsetzen.

Nur durch ein aktives Adressieren der ständig neuen Herausforderungen lässt sich vermeiden, von Wettbewerbern degradiert und seiner eigenen Wettbewerbsposition beraubt zu werden. Gleichzeitig lassen die sich ergebenden Nutzenpotenziale einer digitalisierten Welt nur so vollständig realisieren. Entsprechend gilt es auch im Marketing, technologische Weiterentwicklungen und daraus resultierende Marketing-Innovationen kontinuierlich und systematisch zu beobachten, zu bewerten und aufzugreifen. Für erfolgreiche Marketing-Funktionen wird es von zunehmend größerer Bedeutung sein, den kontinuierlichen Wandel als das „new normal" zu begreifen und entsprechend zu behandeln.

Zusammenfassung und Fazit 5

Im Zeitalter der Digitalisierung führen digitale Innovationen zu Veränderungen in der Unternehmenswelt. Diese Veränderungen sind für Unternehmen Chance und Bedrohung zugleich. Die Chancen liegen auf der einen Seite in den vielen neuen Möglichkeiten und den damit verbundenen Geschäftspotenzialen. Eine Bedrohung liegt auf der anderen Seite darin, dass die Unternehmen quasi dazu gezwungen werden, die Innovationen aufzugreifen, um gegenüber dem Wettbewerb nicht den Anschluss zu verlieren. Von der Digitalisierung betroffen sind nicht nur sämtliche Branchen und Unternehmen, sondern auch sämtliche Bereiche innerhalb eines Unternehmens – so auch die Marketing-Funktion. Entsprechend sind auch Marketing-Manager gefragt, die Herausforderungen der Digitalisierung anzunehmen, die neuen Möglichkeiten als Chance zu begreifen und entsprechende Maßnahmen zu realisieren.

Zu den wesentlichen Treibern des digitalen Marketings zählen vor allem die aktuellen Veränderungen im Kundenverhalten, die kontinuierliche Weiterentwicklung von digitalen Technologien sowie das Phänomen der zunehmenden Servitization. Bei den Veränderungen im Kundenverhalten sind vor allem veränderte Recherchegewohnheiten und ein sich änderndes Nutzungsverhalten von Marketing- und Verkaufskanälen zu nennen. Die Weiterentwicklung von digitalen Technologien schreitet rasch voran mit einer immer größer werdenden Zahl an unterschiedlichen Technologien mit potenziell hoher Relevanz im Unternehmenskontext. Zu den gegenwärtig im Marketing intensiv diskutierten Technologien gehören digitale Sprachassistenten, Virtual und Augmented Reality, Blockchain und künstliche Intelligenz. Wichtig ist aber zu begreifen, dass die aktuell als disruptiv wahrgenommenen Technologien schon in Kürze an Bedeutung verlieren und vermutlich schon bald durch neue technologische Trends verdrängt werden könnten. Unter Servitization verstehen wir die Entwicklung des Angebotsportfolios

© Springer Fachmedien Wiesbaden GmbH, ein Teil von Springer Nature 2020   29
N. Urbach, *Marketing im Zeitalter der Digitalisierung,* essentials,
https://doi.org/10.1007/978-3-658-30510-9_5

von Unternehmen weg von reinen Sachgütern und reinem Dienstleistungsgeschäft hin zu einer Kombination aus Sachgütern und Dienstleistungen. Eine wesentliche Veränderung für das Marketing ergibt sich hierbei dahingehend, dass der Kunde mit seinen spezifischen Bedürfnissen nun nicht erst beim Verkauf des fertigen Produkts, sondern sehr viel früher im Produktlebenszyklus mit entsprechenden Maßnahmen zu adressieren ist.

Zu den wichtigsten Auswirkungen des digitalen Marketings zählen die Verbindung der digitalen und analogen Welt in der Werbung, die Entwicklung von Daten zum digitalen Öl des Marketings sowie eine zunehmende „Intimität" des Marketings. Bei der zunehmenden Verschmelzung von analoger und digitaler Welt ist es für ein erfolgreiches Markenmanagement und eine erfolgreiche Marktkommunikation bedeutsam, sich eben gerade sowohl in physischen als auch in digitalen Räumen erfolgreich bewegen zu können. Hierbei ist es entscheidend, dass Marken auf den verschiedenen Kanälen für den Kunden präsent sind und die Touchpoints entsprechend ausgeweitet werden. Viele der diskutierten Innovationen des digitalen Marketings basieren auf einer umfassenden Auswertung von Kundendaten. Moderne Ansätze erlauben mittlerweile eine neue Form des 1:1-Marketings, bei dem Unternehmen den Konsumenten nahezu allumfassend und in Echtzeit verstehen. Entsprechend sind Daten im digitalen Marketing ein besonderer Wert beizumessen. Gleichzeitig bekommt einem verantwortungsvollen Umgang vor allem mit personenbezogenen Daten eine immer wichtigere Rolle zu. Nicht zuletzt wird das Marketing im Digitalzeitalter durch den immer transparenter werdenden Kunden und durch den zunehmenden Einsatz von Kanälen mit Feedback-Möglichkeiten intimer.

Durch die immer kürzer werdenden Innovationszyklen bei digitalen Innovationen müssen sich die Marketing-Funktionen der Unternehmen kontinuierlich hinterfragen und sich an ständig wandelnde Anforderungen ausrichten. Hierzu sind heutige IT-Systeme weiterzuentwickeln und um intelligente Verfahren und Anbindungen an neue Datenquellen zu erweitern. In diesem Zusammenhang werden auch neue Fähigkeiten der Mitarbeiter und andere Formen der Zusammenarbeit notwendig. Nur durch ein aktives Adressieren der ständig neuen Herausforderungen lässt sich vermeiden, von Wettbewerbern abgehängt und von seiner eigenen Wettbewerbsposition verdrängt zu werden. Gleichzeitig bietet sich dadurch aber die Chance, die Nutzenpotenziale eines digitalen Marketings realisieren und sich damit vom Wettbewerb abheben zu können.

Was Sie aus diesem *essential* mitnehmen können

- Im Zeitalter der Digitalisierung führt der Einsatz innovativer Informationstechnologien zu deutlichen Veränderungen in allen Funktionsbereichen eines Unternehmens – damit auch in der Marketing-Funktion.
- Zu den wesentlichen Treibern des digitalen Marketings zählen die aktuellen Veränderungen im Kundenverhalten, die kontinuierliche Weiterentwicklung von digitalen Technologien sowie das Phänomen der zunehmenden Servitization.
- Zu den wichtigsten Auswirkungen des digitalen Marketings zählen die Verbindung der digitalen und analogen Welt in der Werbung, die Entwicklung von Daten zum digitalen Öl des Marketings sowie eine zunehmende „Intimität" des Marketings.
- Durch die immer kürzer werdenden Innovationszyklen bei digitalen Innovationen müssen sich die Marketing-Funktionen der Unternehmen kontinuierlich hinterfragen und sich an ständig wandelnde Anforderungen ausrichten.

Literatur

Absatzwirtschaft. (19. Dezember 2015). Bibi hebt Drogeriemarke dm aus den Angeln. http://www.absatzwirtschaft.de/bibi-hebt-dm-aus-den-angeln-68367/. Zugegriffen: 27. Apr. 2020.

Alan, Y., Urbach, N., Hinsen, S., Jöhnk, J., Beisel, P., Weißert, M., Blumenthal, S., & Hofmann, P. (2019). *Think beyond tomorrow: KI, mein Freund und Helfer – Herausforderungen und Implikationen für die Mensch-KI-Interaktion*, Projektgruppe Wirtschaftsinformatik des Fraunhofer FIT & EY.

Arnold, L., Brennecke, M., Camus, P., Fridgen, G., Guggenberger, T., Radszuwill, S., Rieger, A., Schweizer, A., & Urbach, N. (2018). Blockchain and initial coin offerings: Blockchain's implications for crowdfunding. In H. Treiblmaier & R. Beck (Hrsg.), *Business transformation through blockchain* (Bd. 1, S. 233–272). Hampshire: Palgrave Macmillan.

Berger, S., Denner, M.-S., & Röglinger. (2018). The nature of digital technologies – Development of a multi-layer taxonomy. *Proceedings of the 26th European Conference on Information Systems* (ECIS 2018), June 23–28, Portsmouth, UK.

BFDI. (2019). Datenschutz-Grundverordnung – Bundesdatenschutzgesetz – Texte und Erläuterung (Info 1). https://www.bfdi.bund.de/SharedDocs/Publikationen/Infobroschueren/INFO1.html. Zugegriffen: 27. Apr. 2020.

Bünte, C. (2018). *Künstliche Intelligenz – die Zukunft des Marketing: Ein praktischer Leitfaden für Marketing-Manager*. Wiesbaden: Springer Gabler.

Capgemini. (2018). Conversational commerce – why consumers are embracing voice assistants in their lives. https://www.capgemini.com/wp-content/uploads/2018/01/dti-conversational-commerce.pdf. Zugegriffen: 27. Apr. 2020.

Cheou, C. (5. März 2018). Tmall to doll up beauty business for brands with ‚new retail', Aliziala. https://www.alizila.com/tmall-doll-business-beauty-brands-new-retail/. Zugegriffen: 27. Apr. 2020.

Die Medienanstalten. (2018). Digitalisierungsbericht Video: Digitalisierung vollendet – Wie linear bleibt das Fernsehen? https://www.die-medienanstalten.de/publikationen/digitalisierungsbericht-video/news/digitalisierungsbericht-video-2018/. Zugegriffen: 27. Apr. 2020.

© Springer Fachmedien Wiesbaden GmbH, ein Teil von Springer Nature 2020 33
N. Urbach, *Marketing im Zeitalter der Digitalisierung*, essentials,
https://doi.org/10.1007/978-3-658-30510-9

Doege, D. (16. September 2014). Phygital Marketing – die analoge und digitale Welt verschmilzt. https://www.webmatch.de/blog/phygital-marketing-die-analoge-und-digitale-welt-verschmilzt/. Zugegriffen: 27. Apr. 2020.

Dmoch, T. (2019). The digital transformation of the marketing department: How marketing executives can increase the expertise of their teams on a step-by-step basis. *Transfer – Zeitschrift für Werbung, Kommunikation und Markenführung, 65*(2), 38–43.

Dörner, R., Broll, W., Grimm, P., & Jung, B. (2013). *Virtual und Augmented Reality – Grundlagen und Methoden der Virtuellen und Augmentierten Realität.* Berlin: Springer Vieweg.

Duhigg, C. (16. Februar 2012). How companies learn your secrets, The New York Times Magazine. https://www.nytimes.com/2012/02/19/magazine/shopping-habits.html. Zugegriffen: 27. Apr. 2020.

Ebner, K., Bühnen, T., & Urbach, N. (2014). Think big with big data: Identifying suitable big data strategies in corporate environments. *Proceedings of the 47th Hawaii International Conference on Systems Sciences* (HICSS-47), January 6–9, Hilton Waikoloa, Big Island.

Enke, N., & Borchers, N. S. (2018). Von den Zielen zur Umsetzung: Planung, Organisation und Evaluation von Influencer-Kommunikation. In A. Schach & T. Lommatzsch (Hrsg.), *Influencer Relations* (S. 177–200). Wiesbaden: Springer Fachmedien.

Ertemel, A. V. (2018). Implications of blockchain technology on marketing. *Journal of international trade, logistics and law, 4*(2), 35–44.

Fridgen, G., Radszuwill, S., Schweizer, A., & Urbach, N. (2017). Entwicklung disruptiver Innovationen mit Blockchain: Der Weg zum richtigen Anwendungsfall. *Wirtschaftsinformatik & Management, 9*(5), 53–59.

Fridgen, G., Guggenberger, N., Hoeren, T., Prinz, W., Urbach, N., et al. (2019). *Chancen und Herausforderungen von DLT (Blockchain) in Mobilität und Logistik.* Bundesministerium für Verkehr und digitale Infrastruktur.

Gartner. (29. August 2019). 5 Trends Appear on the Gartner Hype Cycle for Emerging Technologies 2019. https://www.gartner.com/smarterwithgartner/5-trends-appear-on-the-gartner-hype-cycle-for-emerging-technologies-2019/. Zugegriffen: 27. Apr. 2020.

Genth, S., Schleusener, M., Kenning, P., Pohst, M., Remmel, J., Weber, B., Gier, N., & Schmidt-Kessel, M. (2016). Dynamische Preissetzung: Wer profitiert? *Wirtschaftsdienst, 96*(12), 863–882.

Gontek, F. (3. Dexember 2018). Warum der Influencer-Hype bald vorbei sein könnte. Spiegel Online. https://www.spiegel.de/wirtschaft/unternehmen/influencer-experten-sehen-ende-des-hypes-a-1240430.html. Zugegriffen: 27. Apr. 2020.

HDE. (2019). Online Monitor 2019 des Handelsverband Deutschland/. https://einzelhandel.de/index.php?option=com_attachments&task=download&id=10168. Zugegriffen: 27. Apr. 2020.

Heise. (28. Mai 2018). Möbelkauf per App: Augmented Reality holt virtuelle Sofas ins Zimmer. https://www.heise.de/newsticker/meldung/Moebelkauf-per-App-Augmented-Reality-holt-virtuelle-Sofas-ins-Zimmer-4059467.html. Zugegriffen: 27. Apr. 2020.

Klotz, S., Kopper, A., Westner, M., & Strahringer, S. (2019). Causing factors, outcomes, and governance of Shadow IT and business-managed IT: A systematic literature review. *International Journal of Information Systems and Project Management, 7*(1), 15–43.

Kilian, K. (2017). Influencer Marketing – Markenerfolg mit reichweitenstarken prominenten Testimonials. *Transfer – Werbeforschung & Praxis, 63*(2), 60–66.

Kirchgeorg, M., & Bruhn, M. (2017). Ein kondensierter Blick auf das ganze Erkenntnisspektrum und die Zukunftspfade des Marketing. In M. Kirchgeorg & M. Bruhn (Hrsg.), *Marketing Weiterdenken* (S. 439–445). Wiesbaden: Springer Fachmedien.

Legner, C., Eymann, T., Hess, T., Matt, C., Böhmann, T., Drews, P., Maedche, A., Urbach, N., & Ahlemann, F. (2017). Digitalization: Opportunity and challenge for the business and information systems engineering community. *Business & Information Systems Engineering (BISE), 59*(4), 301–308.

Leitherer, J. (27. Juli 2017). Influencer-Marketing bangt um Authentizität. Springer Professional. https://www.springerprofessional.de/markenstrategie/social-media/influencer-marketing-bangt-um-authentizitaet/13322866. Zugegriffen: 27. Apr. 2020.

Lücke, B. (07. Februar 2017). Warum das Marketing angesichts der Digitalisierung neu gedacht werden muss. https://borisluecke.de/2017/02/07/warum-das-marketing-angesichts-der-digitalisierung-neu-gedacht-werden-muss/. Zugegriffen: 27. Apr. 2020.

Macleoad, I. (19. November 2013). British Airways unveils digital billboards to remind customers how magical flying can be. The Drum. https://www.thedrum.com/news/2013/11/19/british-airways-unveils-digital-billboards-remind-customers-how-magical-flying-can. Zugegriffen: 27. Apr. 2020.

Marketing Automation. (2019). Was bringt die Digitalisierung in Marketing und Verkauf? https://www.marketingautomation.tech/wifimaku-was-bringt-die-digitalisierung-in-marketing-und-verkauf/. Zugegriffen: 27. Apr. 2020.

Meier, H., Uhlmann, E., & Kortmann, D. (2005). Hybride Leistungsbündel – Nutzenorientiertes Produktverständnis durch interferierende Sach- und Dienstleistungen. *wt Werkstattstechnik online, 95*(7), 528–532.

Nakamoto, S. (2008). Bitcoin: A peer-to-peer electronic cash system. https://bitcoin.org/bitcoin.pdf. Zugegriffen: 27. Apr. 2020.

Nike. (2020). NIKE BY YOU. https://www.nike.com/de/de_de/c/nikeid. Zugegriffen: 27. Apr. 2020.

Pohlgeers, M. (4. Juni 2019). Voice-Commerce ist die größte Revolution im Online-Handel seit dem Smartphone. Onlinehändler-News. https://www.onlinehaendler-news.de/digital-tech/innovationen/131110-voice-commerce-groesste-revolution-online-handel-seit-smartphone. Zugegriffen: 27. Apr. 2020.

Prahalad, C. K., & Ramaswamy, V. (2000). Co-opting customer competence. *Havard Business Review,* 1, https://hbr.org/2000/01/co-opting-customer-competence. Zugegriffen: 27. Apr. 2020.

Rejeb, A., Keogh, J. G., & Treiblmaier, H. (2020). How blockchain technology can benefit marketing: Six pending research areas. *Frontiers in Blockchain, 19*(2), 2020. https://doi.org/10.3389/fbloc.2020.00003. (Zugegriffen: 27. Apr. 2020).

Ricquebourg, V., Menga, D., Durand, D., Marhic, B., Delahoche, L., & Loge, C. (2006) The smart home concept: our immediate future. *Proceedings of the 1st IEEE International Conference on E-Learning in Industrial Electronics,* December 18–20, Hammamet, Tunisia.

Röglinger, M., & Urbach, N. (2017). Digitale Geschäftsmodelle im Internet der Dinge. In M. Schmidt-Kessel & M. Kramme (Hrsg.), *Geschäftsmodelle in der digitalen Welt* (S. 77–94). Jena: Jenaer Wissenschaftliche Verlagsgesellschaft.

Russell, S. J., & Norvig, P. (2016). *Artificial intelligence: A modern approach.* Boston: Pearson.

Scherf, J., & Becker, L. (Mai 2019). Blockchain und Marketing. FSBC Working Paper. http://explore-ip.com/2019_Blockchain_und_Marketing.pdf. Zugegriffen: 27. Apr. 2020.

Schlatt, V., Schweizer, A., Urbach, N., & Fridgen, G. (2016). Blockchain: Grundlagen, Anwendungen und Potenziale, Projektgruppe Wirtschaftsinformatik des Fraunhofer-Instituts für Angewandte Informationstechnik FIT.

Schnellbacher. (19. Oktober 2016). KI: Microsoft erreicht Spracherkennung auf Menschenlevel, enwickler.de. https://entwickler.de/online/tools/ki-microsoft-spracherkennung-menschenlevel-297286.html. Zugegriffen: 27. Apr. 2020.

Schwab, K., & Walter, S. (2019). Können Algorithmen auch Kampagnen? Mögliche Rollen künstlicher Kreativität im Marketing. *Transfer – Zeitschrift für Werbung, Kommunikation und Markenführung, 65*(2), 34–37.

Spiegel Online. (3. März 2019). Amazon will offenbar neue Supermärkte eröffnen. https://www.spiegel.de/wirtschaft/unternehmen/amazon-will-offenbar-dutzende-neue-supermaerkte-eroeffnen-a-1256044.html. Zugegriffen: 27. Apr. 2020.

Stöcker, C., Rüther, M., Reinhold, N., & Goebel (2017). Revolutionizing Digital Marketing by introducing a new unique channel: Object Marketing. https://kontik.de/documents/object-marketing-digital-twin-v14-teaser.pdf. Zugegriffen: 27. Apr. 2020.

Steiner, P. (2018). *Sound Branding – Grundlagen akustischer Markenführung* (3. Aufl.). Wiesbaden: Springer Gabler.

Stern. (3. Januar 2019). Netflix lässt User über Schicksal von Filmfigur entscheiden – alle sind total überfordert. https://www.stern.de/neon/feierabend/film-streaming/black-mirror—bandersnatch–interaktiver-netflix-film-ueberfordert-zuschauer-8513416.html. Zugegriffen: 27. Apr. 2020.

Stumpe, K. (9. Januar 2017). Amazon Echo bestellt massenweise Puppenhäuser von allein, Osnabrücker Zeitung. https://www.noz.de/deutschland-welt/digitale-welt/artikel/832679/amazon-echo-bestellt-massenweise-puppenhaeuser-von-allein. Zugegriffen: 27. Apr. 2020.

Ternès, A. (Dezember 2018). Auch der Kunde ist digitalisiert! Sales Excellence. https://www.springerprofessional.de/auch-der-kunde-ist-digitalisiert/16338322. Zugegriffen: 27. Apr. 2020.

Textilwirtschaft. (2019). Digitale Konzepte: Alibaba testet Retail-Technologien. https://www.textilwirtschaft.de/galerien/news/FashionA1-Store-in-Hingkong-14697. Zugegriffen: 27. Apr. 2020.

Tian, X. (25. November 2014). Beer and nappies, big data, big world. https://bigdatabigworld.wordpress.com/2014/11/25/beer-and-nappies/. Zugegriffen: 27. Apr. 2020.

Tuzovic, S., & Paluch, S. (2018). Conversational commerce – A new era for service business development? In M. Bruhn & K. Hadwich (Hrsg.), *Service Business Development: Strategien – Innovationen – Geschäftsmodelle* (Bd. 1, S. 81–100). Wiesbaden: Springer Fachmedien.

Urbach, N. (2018). Smart contracts. In N. Gronau, J. Becker, N. Kliewer, J. M. Leimeister, & S. Overhage (Hrsg.), *Enzyklopädie der Wirtschaftsinformatik* (10. Aufl.). Berlin: GITO Verlag.

Urbach, N. (2019). Blockchain. In N. Gronau, J. Becker, E. J. Sinz, L. Suhl, & J. M. Leimeister (Hrsg.), *Enzyklopädie der Wirtschaftsinformatik* (11. Aufl.). Berlin: GITO.

Urbach, N., & Ahlemann, F. (2016a). Der Wissensarbeitsplatz der Zukunft: Trends, Herausforderungen und Implikationen für das strategische IT-Management. *HMD – Praxis der Wirtschaftsinformatik, 53*(1), 16–28.

Urbach, N., & Ahlemann, F. (2016b). *IT-Management im Zeitalter der Digitalisierung – Auf dem Weg zur IT-Organisation der Zukunft.* Wiesbaden: Springer Gabler.

Urbach, N., & Ahlemann, F. (2017). Die IT-Organisation im Wandel: Implikationen der Digitalisierung für das IT-Management. *HMD – Praxis der Wirtschaftsinformatik, 54*(3), 300–312.

Urbach, N., & Röglinger, M. (2018). Introduction to digitalization cases – How organizations rethink their business for the digital age. In N. Urbach & M. Röglinger (Hrsg.), *Digitalization cases – How organizations rethink their business for the digital age* (S. 1–12). Heidelberg: Springer.

Urbach, N., Hofmann, P., & Protschky, D. (2019). *KI – Eine Aufgabe für das ganze Unternehmen*, CIO-Jahrbuch 2020: Prognosen zur Zukunft der IT, 60–63.

Vargo, S. L., & Lusch, R. F. (2004). Evolving to a new dominant logic for marketing. *Journal of Marketing, 68*(1), 1–17.

Wiggins, G. (2006). Searching for computational creativity. *New Generation Computing, 24*(3), 209–222.

Wittenhorst, T. (14. Oktober 2018). Alexa hört dich husten: Amazon erhält Patent auf Werbeangebote für Kranke, heise online. https://www.heise.de/newsticker/meldung/Alexa-hoert-dich-husten-Amazon-erhaelt-Patent-auf-Werbeangebote-fuer-Kranke-4190512.html. Zugegriffen: 27. Apr. 2020.

YoutTube. (20. März 2014). Unbelievable Bus Shelter|Pepsi Max. Unbelievable, YouTube. https://www.youtube.com/watch?v=Go9rf9GmYpM. Zugegriffen: 27. Apr. 2020.

Zeit Online. (18. September 2014). Apple will mit Datenschutz punkten. https://www.zeit.de/digital/2014-09/apple-datenschutz-webseite. Zugegriffen: 27. Apr. 2020.